365 Affirmationen für Lebensfreude und Erfolg

von

Dr. Joseph Murphy

Einladung

Dieser kleine Aufsteller ist gefüllt mit wunderbaren Erfolgs-Affirmationen von Dr. Joseph Murphy, dem Schöpfer des Positiven Denkens.

Gönnen Sie sich täglich etwas Zeit und lassen Sie die Affirmationen und positiven Gedanken auf sich wirken. Sie werden schon nach kurzer Zeit merken, wie sich Ihr Leben erfolgreicher, glücklicher und erfüllter gestaltet. Finden Sie den Weg zu einem neuen Selbstbewusstsein, das aus Ihren inneren Kräften schöpft, die Sie sich selbst erschließen können.

Mit der Stärke des Positiven Denkens können Sie alles erreichen, was Sie sich wünschen. Seien Sie glücklich und sorgenfrei, gesund und erfolgreich, geliebt und anerkannt!

Im Einklang mit den universellen geistigen Gesetzen lernen Sie, Ihr Unterbewusstsein wirksam auf Wohlstand, Gesundheit und Glück einzustellen. Mit der Kunst der kreativen Imagination können Sie jeden Tag erfolgreich Ihre Ziele verwirklichen.

Gönnen Sie sich von ganzem Herzen, was Ihnen im Leben in Hülle und Fülle zusteht!

Entscheiden Sie sich dazu, Ihre Träume wahr zu machen. Richten Sie Ihren Geist und Ihre Imagination auf Ihre Ziele.

2

Ihre Gedanken und Gefühle begründen Ihr Schicksal. Wenn Sie »arm« denken, werden Sie immer arm sein. Denken Sie »Wohlstand«, und Sie werden finanziell erfolgreich sein.

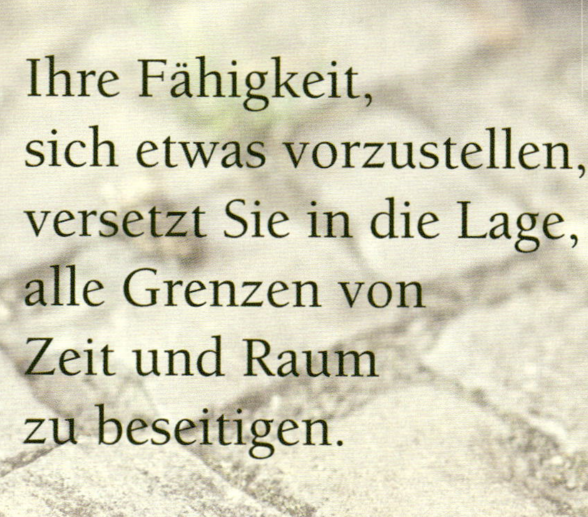

Ihre Fähigkeit,
sich etwas vorzustellen,
versetzt Sie in die Lage,
alle Grenzen von
Zeit und Raum
zu beseitigen.

Man ist hier, um in einer
objektiven Welt zu leben,
um Erholung und Spaß zu haben,
fröhlich zu sein, sich zu amüsieren,
kreativ zu sein und sich selbst
auszudrücken.

Sie können eine Eichel anschauen und mit dem Auge Ihrer Vorstellungskraft daraus einen wunderbaren Wald entstehen lassen, durch den Flüsse und Bäche fließen.

Altern ist kein
bloßes Verstreichen der Jahre;
es ist das Heraufdämmern
der Weisheit.

Etwas zu glauben bedeutet,
es als wahr anzunehmen.

Es ist genauso einfach sich vorzustellen, erfolgreich zu sein wie sich vorzustellen zu versagen, und das Erste ist doch viel interessanter.

In Wahrheit
sind Sie hier,
weil Gott
durch Sie nach
schöpferischem
Ausdruck strebt.

Der Mensch, der beständig eine
mentale Einstellung des Vertrauens
und der Erwartung des Besten
aufrechterhält, muss einfach
im Leben Erfolg haben und
vorwärts kommen.

Die Erfüllung Ihrer Träume
beginnt mit dem starken
Wunsch, sie umzusetzen.

Verwenden Sie in schwierigen Situationen folgende Affirmation: »Ich bin immer gelassen, friedvoll und ruhig.«

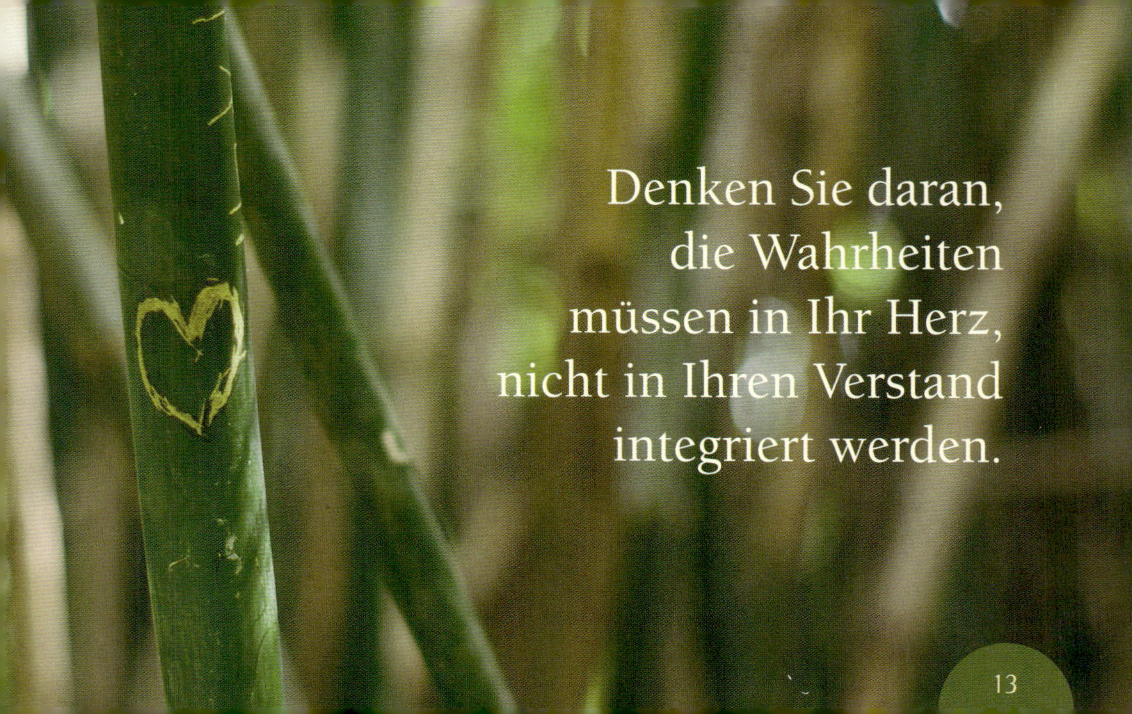
Denken Sie daran,
die Wahrheiten
müssen in Ihr Herz,
nicht in Ihren Verstand
integriert werden.

Statt sich auf die Fehler und Schwächen der anderen zu konzentrieren, sollten Sie sich angewöhnen, in jedem Menschen Gott zu erkennen.

Was in Ihrer
Vorstellungskraft
Gestalt annimmt,
ist genauso real
wie irgendein Teil
Ihres Körpers.

Vergessen Sie nie, dass wir alle Teil der Menschheit sind und uns auf einer gemeinsamen Reise befinden.

Ihre Imagination
ist der Strom,
der es Ihnen
möglich macht,
dass Sie selbst
psychologisch
zu Gott zurückfließen.

Die Stimme der Intuition spricht
nicht immer dann zu Ihnen,
wenn Sie sich das wünschen.
Sie meldet sich zu Wort,
wenn es nötig ist.

Es gibt so etwas wie
eine Gesetzmäßigkeit,
dass wir das, was wir
tief empfinden, dann
auch manifestieren.

Es heißt, die Furcht sei unser größter Feind. Das ist wahr, denn sie ist verantwortlich für unsere Misserfolge.

Ihre finanziellen Gewinne und Verluste entstehen in Ihrem eigenen Denken.

Wenn wir ein Ziel deutlich imaginieren, dann werden die notwendigen Hilfsmittel, um es zu erreichen, zu uns gelangen, auf Wegen, die wir vorher nicht erkennen können!

Seien Sie intolerant gegenüber falschen Ideen, aber niemals gegenüber den Menschen, die sie äußern.

Sie schreiben ständig selbst
am Buch Ihres Lebens,
denn das, was Sie denken,
wird zu Ihrer Lebensrealität.

Ein Gedanke
wird auf die gleiche
Weise zu einer
materiellen Realität
wie ein Samenkorn
zur Pflanze wird:
Er muss ständig
genährt werden.

Das Wissen einer mächtigen
Kraft in unserem Innern,
die alles verwirklichen kann,
was wir wünschen, verleiht uns
Vertrauen, Zuversicht und
ein Gefühl des Friedens.

Sie leben in Ihrem Geist,
und dort machen Sie sich selbst
reich oder arm.

Probleme, Ärger und Verdruss,
Streitigkeiten entstehen, weil
der Mensch fortgewandert ist und
sich den falschen Göttern von
Angst und Irrtum angeschlossen hat.

Die Macht des Wortes ist größer als
die von Atomwaffen. Worte sind es,
die darüber entscheiden, ob diese
Waffen eingesetzt werden oder nicht.

Sie sind hier, um zu tanzen.
Kommen Sie und lernen Sie tanzen,
denn das Universum ist der Tanz Gottes.

Vergeben Sie
sich selbst,
indem Sie Ihr
Denken in
Harmonie mit
der göttlichen
Ordnung bringen.

Sie können Vertrauen, Selbstvertrauen und Zuversicht entwickeln, indem Sie erkennen und wissen, dass Sie nichts daran hindern kann, Erfolg zu erzielen.

Angst ist in Wahrheit
ein Mangel an
Vertrauen in die
göttliche Versorgung.

Bei der Arbeit mit
dem Unterbewusstsein ist
Entspannung der Schlüssel.
Leichtigkeit führt zum Erfolg.
Der einfache Weg ist der beste.

Wenn Sie beten, müssen Sie aufrichtig glauben, dass Sie ein Recht auf die Erfüllung Ihrer Herzenswünsche haben.

Die Vorstellungskraft kann Sie
in gewaltige Höhen tragen
oder in die tiefsten Abgründe.
Durchqueren Sie den Nebel von
Zweifel, Furcht und Angst.

Probleme,
die auftauchen,
sind eine Form,
wie das Leben
Sie auffordert,
neue Antworten
zu finden.

Die Kinder der Liebe heißen Harmonie, Gesundheit, Frieden, Güte, Freude, Ehrlichkeit, Integrität und Gerechtigkeit.

Sie müssen
daran glauben,
dass es für Gott
ebenso einfach ist,
Reichtum in Ihr
Leben zu bringen,
wie einen
Grashalm oder
eine Schneeflocke
zu erschaffen.

So wie sich Dunkelheit durch Licht und Kälte durch Wärme vertreiben lässt, genauso lässt sich ein schlechter Gedanke durch einen guten überwinden.

Danken Sie *jetzt* für alle Segnungen in Ihrem Leben. Danken Sie *jetzt* allen Menschen, deren Freundschaft, Güte und Unterstützung segensreich für Sie waren.

Öffnen Sie sich bereitwillig guten Nachrichten, doch niemals negativem Denken oder Gefühlen von Ärger und Zorn.

Affirmieren Sie:
»Ich segne dieses Geld
und gebe es gern aus.«

Stellen Sie sich unablässig
die Realität Ihres Wunsches vor.
So werden Sie ihn ins Sein zwingen.

Erlauben Sie niemals, dass Ihre Vorstellungskraft negativ verwendet wird.

Wenn Sie sich mit dem Geld
wirklich anfreunden,
wird es Ihnen immer reichlich
zur Verfügung stehen.

Gott ist der Schenkende
und das Geschenk.
Gott wohnt in Ihnen.
Unser Mut muss nur
bereit sein, das Geschenk
auch anzunehmen.

Sie können mit einer Idee
ein Vermögen machen,
mit einer schöpferischen Idee.
Ja. Sie wird zu Ihnen kommen.
Aber Sie müssen den Preis entrichten:
Erkennen Sie sie an.

Machen Sie Ihren Wunsch zu einer geistigen Realität, dann muss er sich zwangsläufig auch im dreidimensionalen Raum objektiv verwirklichen.

Vergeben heißt, etwas aufzugeben,
um etwas anderes zu erlangen.
Sie geben falsche Überzeugungen auf
und erlangen Wahrheit und Selbstachtung.

Bleiben Sie
Ihrem Ideal
treu, wird
es sich
eines Tages
objektivieren.

Ihr innerer Dialog sollte mit
Ihren Lebenszielen und
Herzenswünschen übereinstimmen.
Sprechen und denken Sie so,
als sei Ihr Wunsch bereits erfüllt.

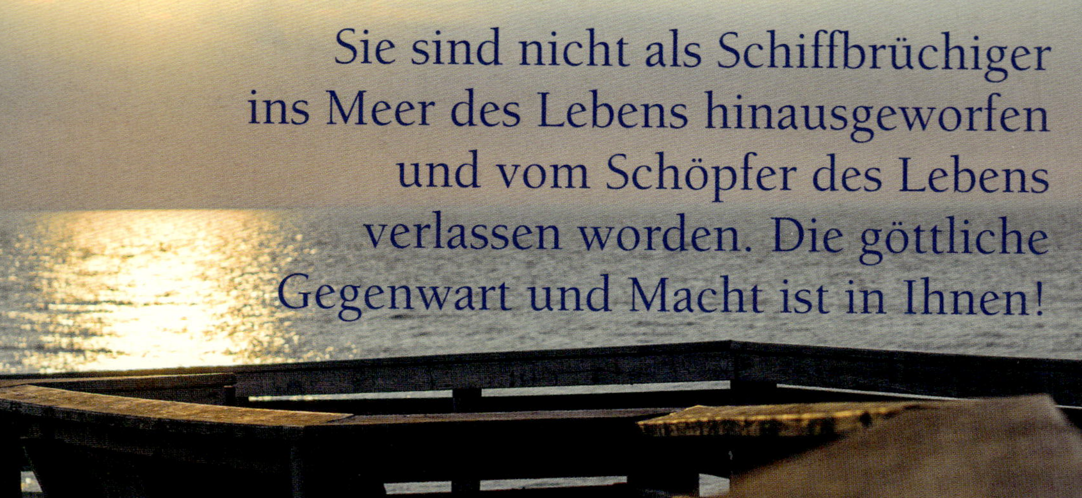

Sie sind nicht als Schiffbrüchiger ins Meer des Lebens hinausgeworfen und vom Schöpfer des Lebens verlassen worden. Die göttliche Gegenwart und Macht ist in Ihnen!

Sie müssen Ihr Potenzial
durch Glauben, Hingabe und
dynamisches Handeln entwickeln und
stärken, sonst bleibt es ungenutzt.

In der Kammer
Ihres Herzens
wohnt die lebendige
Gegenwart Gottes.

Ängstlichkeit ist lediglich
ein geistiger Zustand.
Tun Sie die Dinge,
vor denen Sie Angst haben,
dann vergeht die Angst.

All Ihre Erfahrungen, Lebensumstände und Taten sind Reaktionen Ihres Unterbewusstseins auf Ihre Gedanken.

Entwickeln Sie Ihre Talente.
Fangen Sie an, diese Talente zu
nutzen. Sie sind von Gott gegeben.

Liebe vertreibt jede Angst,
denn Liebe und Angst
sind unvereinbar.

Glück ist die Antwort Ihres Unterbewusstseins auf Ihren Glauben an ein günstiges Schicksal.

Geld zu haben bedeutet,
frei von Armut und
Einschränkungen zu sein.

Aber nichts in dieser
flüchtigen Welt hält ewig an,
außer den Wahrheiten Gottes.
Dunkelheit folgt dem Tag,
aber ein nächster Morgen
wird heraufdämmern.

Das Gesetz des
Unterbewusstseins
ist das universelle und
natürliche Prinzip von
Aktion und Reaktion.
Ihr Unterbewusstsein
verwirklicht alles,
was Sie ihm bewusst
einprägen.

Stellen Sie sich Ihr Ideal im Leben vor und leben Sie mit diesem Ideal. Lassen Sie dieses Ideal Besitz ergreifen von Ihrer Imagination.

Unsere Glaubenssätze
beherrschen uns, denn sie
verwirklichen sich in unserem Leben.

Sie bestimmen Ihre Zukunft selbst – durch die Gedanken, für die Sie sich heute entscheiden.

Liebe
befreit,
Liebe gibt.
Sie ist der
göttliche
Geist in
Aktion.

Wählen Sie Gedanken,
die segensreich, heilend
und inspirierend sind und
Ihre Seele mit Freude erfüllen.

Sie könnten eine
Wüste betrachten
und sie mit Ihrer
Imagination
dazu bewegen,
wie eine Rose
zu erblühen.

Der erste Schritt auf dem
Weg zum Erfolg ist immer
die Korrektur des Gedankenlebens.
Ihre Gedanken und nicht die
äußeren Umstände sind die Ursache.

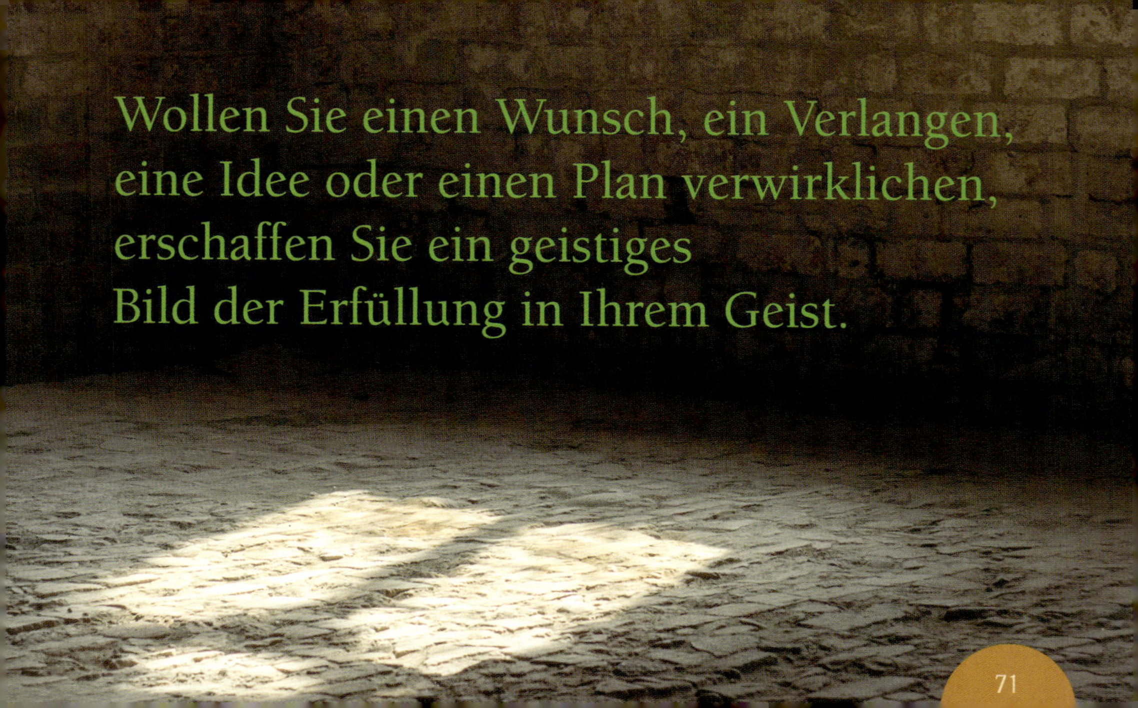

Wollen Sie einen Wunsch, ein Verlangen, eine Idee oder einen Plan verwirklichen, erschaffen Sie ein geistiges Bild der Erfüllung in Ihrem Geist.

Die kosmische Macht in Ihnen strebt niemals Zustände des Mangels und der Begrenzung an.

Liebe strahlt immer nach außen.
Wenn sie wahr und echt ist,
verströmt sie sich in die Welt.

Die größte Freude und Befriedigung besteht darin, Probleme zu lösen und Hindernisse zu überwinden.

Machen Sie den Dienst an der Menschheit zu Ihrem Lebensziel, dann sind Ihnen Wohlstand und Erfüllung gewiss.

Betrachten Sie den
Strom des Geldes wie die Gezeiten:
Leben Sie in der Gewissheit,
dass auf jede Ebbe schon bald
die nächste Flut folgt.

Hören Sie auf,
Fußabtreter
zu sein. Ein
Fußabtreter
ist etwas,
worauf die Leute
herumtrampeln.

Innere geistige Bewegung
führt immer zur Aktion.
Die äußeren Handlungen sind
die automatischen Reaktionen
des Körpers auf die inneren
Bewegungen des Geistes.

Geben Sie Ihren
Mitmenschen die
Chance, ihre Schwäche
zu überwinden und ihren
Charakter zu entwickeln.
Sonst erziehen Sie sie
zur Abhängigkeit.

Zeigen Sie allen Menschen
aufrichtige Anerkennung.
Die Menschen sehnen sich
nach Anerkennung.
Schenken Sie sie ihnen
bereitwillig und liebevoll.

Es gibt immer einen Ausweg und eine Lösung, die zum glücklichen Ende und zum Erfolg führen.

Das Leben würde unerträglich werden, nicht mehr auszuhalten, wenn wir keine Veränderung erführen.

Was wir den
Himmel nennen,
ist nur eine
andere
Bezeichnung
für einen
friedvollen Geist.

Die wahren Reichtümer befinden sich in Ihrem Unterbewusstsein. Das größte Geheimnis der Welt besteht darin, dass die unendliche Quelle in jedem von uns wohnt.

Im Schlaf, wenn wir uns ganz vom Lärm und Trubel der äußeren Welt zurückgezogen haben, empfangen wir oft göttliche Inspirationen und Eingebungen.

Die Ideale des Lebens
sind wie der Tau des Himmels,
der über die dürren Gebiete
des menschlichen Geistes fällt und
ihn erfrischt und wieder neu belebt.

Sie sind jeder Herausforderung gewachsen, weil es in Ihnen eine Weisheit und Macht gibt, die Sie befähigt, alle Probleme zu meistern.

Kämpfen Sie niemals
gegen Probleme.
Wachsen Sie über sie hinaus
und meistern Sie sie!

Wir müssen unsere mentalen
Vorstellungen und Bilder
mit Gefühl »aufladen«,
um Ergebnisse zu erzielen.

Segnen Sie alle Menschen in Ihrer
Umgebung. Sie werden feststellen,
dass Sie durch den Segen,
den Sie anderen spenden,
gleichzeitig sich selbst segnen.

Viele Menschen fürchten
sich vor dem Altwerden,
was in Wahrheit bedeutet, dass
sie sich vor dem Leben fürchten.

Nicht das, von dem Sie glauben,
dass es Ihnen Schaden zufügt,
schadet Ihnen wirklich, sondern Ihr
Glaube, der diesen Eindruck hervorruft.

Wahre Kraft kommt
aus innerer Stille.
Wer innere Stille besitzt,
vermag Großes zu leisten.

Leben bedeutet, Tag und Nacht
zu begegnen, Kälte und Wärme,
Ebbe und Flut, Sommer und Winter,
Hoffnung und Verzweiflung,
Erfolg und Versagen.

Und alle meine Bedürfnisse werden zu jedem Zeitpunkt und an jedem Ort erfüllt. Gottes Reichtum strömt ungehindert, freudig und unablässig in meine Erfahrung.

Die Erfüllung Ihrer Wünsche
hängt von der Intensität Ihrer
Vorstellungskraft ab,
nicht von irgendwelchen
äußeren Umständen oder Fakten.

Erst wenn Sie sich selbst wirklich vergeben haben, können Sie auch anderen vergeben.

Wenn Ihr Bewusstsein
ruhig und aufnahmebereit ist,
steigen die weisen Ratschläge aus
Ihrem Unterbewusstsein empor,
und Sie erhalten Ihre Lösung.

Liebe kennt keine
Dogmen, Rassen
und Nationen.
Liebe transzendiert
das alles.
Gott ist Liebe
und bevorzugt
niemanden.

Sie befinden sich vielleicht in einem Gefängnis von Wünschen oder Mängeln, aber in Ihrer Imagination können Sie ein nie erträumtes Maß an Freiheit finden.

Das Unterbewusstsein
wird bisweilen auch
als Seele bezeichnet.

Unsere unbewussten
Überzeugungen und Glaubenssätze
diktieren und kontrollieren
all unsere bewussten Handlungen.

Wenn Ihr Problem ganz akut ist, und Sie mit dem normalen Verstand nicht mehr weiter kommen, dann lassen Sie Ihre Imagination zu Ihrem Retter werden.

Alles, worauf Sie sich konzentrieren,
wird von Ihrem Unterbewusstsein
in Ihr Leben gezogen.
Konzentrierte Aufmerksamkeit
ist der Schlüssel.

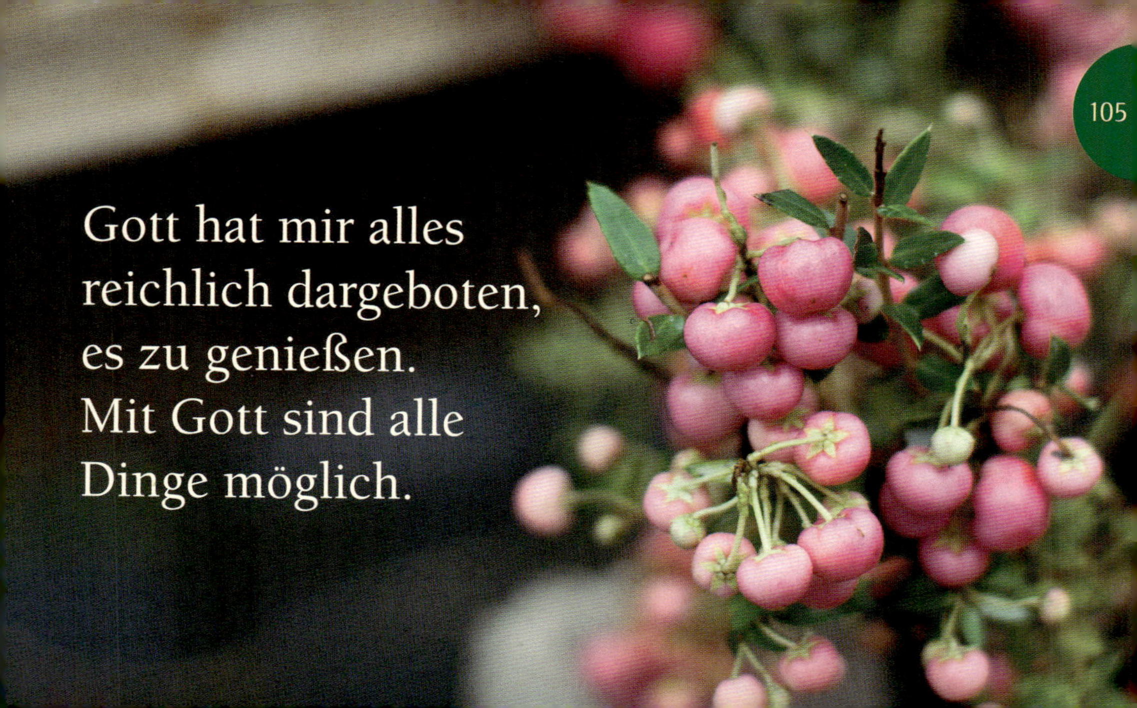

Gott hat mir alles
reichlich dargeboten,
es zu genießen.
Mit Gott sind alle
Dinge möglich.

Ihr Unterbewusstsein ist
das Lagerhaus Ihrer Erinnerungen.
Wenn Sie etwas nicht finden können,
fragen Sie Ihr Unterbewusstsein.
Es kennt immer die richtige Antwort.

Wahres
spirituelles Denken
ist frei von Furcht
und von Sorge.

Schauen Sie in Ihrer Vorstellung geradewegs in das Gesicht oder die Wahrheit Gottes, und Gott wird alle Tränen abwischen, und es wird kein Weinen mehr geben.

Ihre Worte besitzen die Macht, Ihren Geist von falschen Vorstellungen zu reinigen und sie durch richtige Vorstellungen zu ersetzen.

Wünsche und Sehnsüchte sind
die treibende Kraft im Universum.
Sie sind schöpferische Energie
und müssen weise kanalisiert
und gelenkt werden.

Erfolgreich sein
heißt, sein Ziel
zu erreichen,
es zu etwas zu
bringen und
sich gut zu
entwickeln.

Menschen, die mit Intuition
und Imagination gesegnet sind,
erschaffen Städte, wo Menschen
früher nur eine Wüste und
Wildnis gesehen haben.

Ohne
Liebe im
Herzen
straucheln
und
scheitern
wir.

Akzeptieren Sie niemals ein Nein als Antwort. Glauben Sie an die Verheißung Gottes: Bitte, und dir wird gegeben.

Kehren Sie immer
wieder in Ihre Mitte
zurück, dorthin,
wo Gott wohnt und
wo es nur Frieden,
Segen, Harmonie
und Freude gibt.

Sie bekommen im Leben nicht, was Sie wollen, sondern das, worauf Sie sich laufend konzentrieren.

Lassen Sie Ihre Entscheidung sein: »Ich werde mir heute nur jene Dinge vorstellen, die wunderbar und nützlich sind.«

In Wahrheit ist Unwissen die einzige Sünde. Schmerzen und Leiden sind keine Strafe, sondern die konsequente Folge des Missbrauchs Ihrer inneren Kraft.

Wenn Sie um
Brot bitten,
werden Sie
keinen Stein
bekommen.

Zu glauben heißt zu akzeptieren,
dass Gedanken Dinge sind,
dass Sie das in Ihr Leben ziehen,
was in Resonanz zu Ihren Gefühlen ist.

Wagen Sie einen Neuanfang, indem Sie Ihr Unterbewusstsein mit Wohlstands- und Erfolgsgedanken erfüllen.

Die Zukunft ist nichts anderes als
die erwachsen gewordene Gegenwart.
Die Zukunft ist Ihr unsichtbarer Gedanke,
der sichtbar gemacht wurde.

Entscheiden
Sie jetzt, dass
Sie tun können,
was Sie zu gern
tun möchten,
dass Sie sein
können, was
Sie zu gern
sein möchten.

Wunsch und Gefühl,
die geistig vermählt werden,
werden zu erhörten und
erfüllten Gebeten.

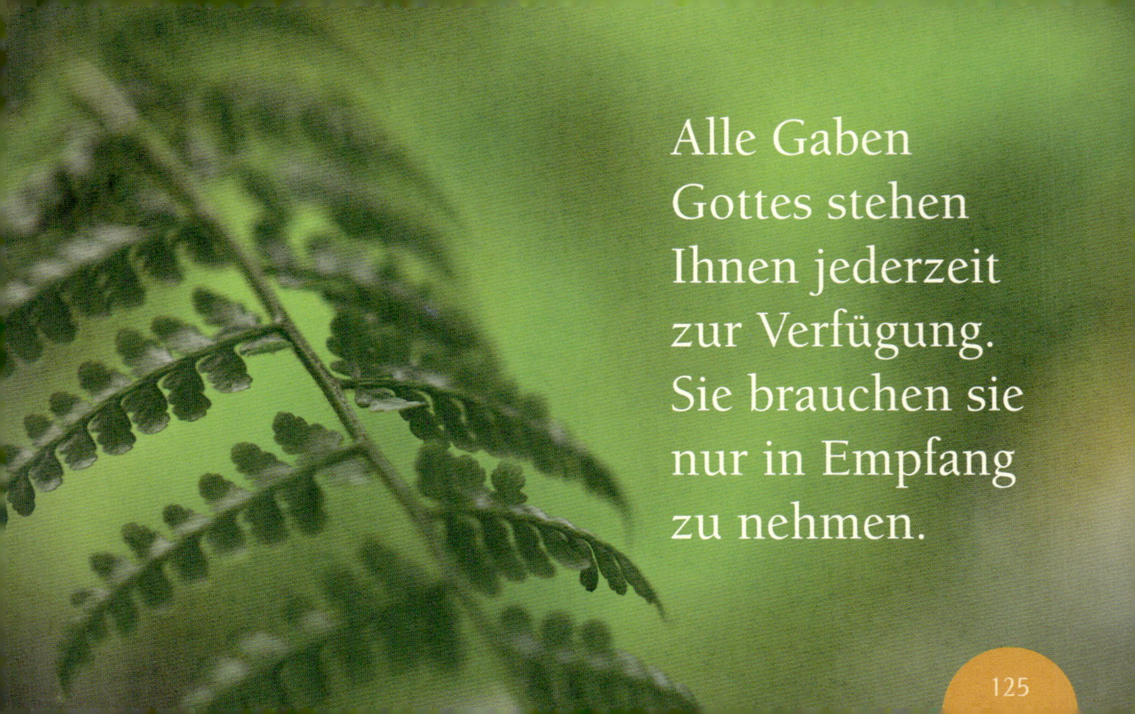

Alle Gaben
Gottes stehen
Ihnen jederzeit
zur Verfügung.
Sie brauchen sie
nur in Empfang
zu nehmen.

Kein aufgeklärter Mensch heute glaubt, dass ein grausames Schicksal uns zu Armut, Krankheit, Elend oder Leid verdammt.

Liebe bedeutet,
dass Sie anderen
Menschen das
wünschen, was
Sie auch für sich
selbst wünschen.

Verlangen ist die Schöpferkraft; es muss klug kanalisiert und geleitet werden. Das Verlangen und seine Erfüllung finden in Ihrem eigenen Kopf statt.

Sie können Ihre
Wünsche verwirklichen,
ohne einem lebenden
Wesen auf Erden ein
Haar zu krümmen.

Die Göttliche Fülle gehört mir.
Göttliche Liebe geht mir heute und
an jedem Tag voran und macht meinen
Weg gerade, froh und wunderbar.

Der ganze Vorgang,
wie man geistige,
spirituelle
und materielle
Reichtümer
erwirbt, lässt sich
mit einem Wort
zusammenfassen:
***Dankbarkeit*.**

Ihre Welt ist ein Spiegel,
der Ihnen die eigene innere Welt
Ihrer Gedanken, Gefühle,
Glaubenssätze und inneren
Dialoge reflektiert.

Sagen Sie sich jeden Tag: »Ich bin zum Erfolg geboren. Ich bin zum Gewinnen geboren. Das Unendliche in mir kann nicht versagen.«

Das Unterbewusstsein reagiert gemäß unserem gewohnten Denken und unseren üblichen Vorstellungen. Wie wir säen, so ernten wir.

Man weiß immer, wann man verziehen hat, weil man die Person im Geiste treffen kann und kein Stachel mehr vorhanden ist.

Vergewissern Sie sich immer wieder, dass Ihr innerer Dialog mit Ihren Lebenszielen und Herzenswünschen übereinstimmt.

Energie, Kraft,
Inspiration,
Führung
und Weisheit
kommen aus
der Ruhe
des auf Gott
eingestimmten
Geistes.

Schreiben wir in unser Herz
und überall in unser Innerstes:
Liebe, Freude, Frieden, Geduld,
Sanftmut, Güte, Glauben,
Demut und Maß!

Denken Sie über alle Dinge nach, die wahr, schön, edel und gottähnlich sind.

Sofern nicht als Erstes
eine Vorstellung im Kopf existiert,
kann der Verstand sich nicht
bewegen, weil nichts da wäre,
ihn zur Bewegung zu veranlassen.

Erkennen Sie,
dass ein Bild
tausend Worte
wert ist.

Tun Sie so, als seien Sie jetzt, was Sie sein möchten. Spielen Sie die Rolle in Ihrem Kopf.

Selbst Ihre Fehlschläge
sind Stufen auf der
Leiter Ihres Triumphes.

Furcht wird von Ihnen selbst erzeugt. Keinesfalls können Sie sich irgendwo in der Außenwelt damit »infizieren.«

Die Macht, Erfolg
zu erlangen,
entwickelt sich
aus der Liebe
zu Ihrer Tätigkeit
und Ihrer Arbeit.

Wenn Sie sich mit Loyalität
und Hingabe Ihrem Ideal widmen,
vergehen alle Ängste und negativen
Gedanken und das Ideal wird
Wirklichkeit.

Erfolg hängt von einem höheren Ziel ab, als nur der Anhäufung von Reichtum. Erfolg wird erst durch ein höheres Ideal möglich.

Der leichteste Weg, eine Vorstellung zu formulieren, ist sie sich zu vergegenwärtigen. Sie so lebhaft vor seinem geistigen Auge zu sehen, als sei sie lebendig.

Das Leben ist Addition!
Tod ist Subtraktion.

Ängste sind die Ursache zahlreicher Erkrankungen. Lernen Sie, über Ihre Ängste zu lachen. Das ist die beste Medizin.

Der bloße
Umstand, dass
Sie sich etwas
wünschen,
ist schon der
Beweis, dass
es das, was Sie
sich wünschen,
gibt.

Affirmieren Sie:
»Wenn Gott für mich ist, wer kann dann noch gegen mich sein?«
Dadurch befreien Sie sich von allen Selbstzweifeln, Sorgen und Ängsten.

Durch
Groll und
Verbitterung
strafen
Sie nur
sich selbst.

Lieben Sie andere, strahlen Sie
Frieden und Wohlwollen an
sie aus und Sie erfreuen sich
an ihrem Erfolg und Glück.

Wenn Sie das Geld gering achten,
bekommt es Flügel und fliegt davon.

In Ihnen schlummert ein Genie. Stimmen Sie sich auf die Weisheit und Intelligenz Ihres Unterbewusstseins ein, dann wird dieses Genie geweckt.

Erkennen Sie,
dass Ihr Beruf oder
Unternehmen
eine wundervolle
Möglichkeit
darstellt,
anderen Menschen
zu dienen.

Sie können vierzehn oder fünfzehn
Stunden am Tag arbeiten,
aber ist Ihr Geist nicht produktiv,
wird es vergeblich sein.

Sie sind nie Opfer eines unbarmherzigen Schicksals, sondern Ihres eigenen falschen Denkens.

Die glücklichsten Menschen haben nicht unbedingt das Beste von allem. Sie machen einfach das Beste aus allem, was ihnen begegnet.

Glück ist die Frucht eines gelassenen, friedvollen Geistes.

Gottes ganze und heilige Neigung ist,
auf jede nur erdenkliche Weise
zu heilen und zum Erfolg zu führen.

Kein Problem
ist an sich
schlecht.
Es kommt
immer darauf
an, wie Sie
darüber
denken.

Sobald ein negativer Gedanke in Ihnen auftaucht, sollten Sie ihn sofort durch Liebe und Wohlwollen ersetzen.

Schlaf ist ein göttliches Gesetz.
Viele Antworten auf unsere Probleme
empfangen wir, während wir
tief und fest schlafen.

Die ganze Welt ist voller Reichtümer.
Im Meer, in der Luft und in der Erde
wimmelt es von ihren Schätzen.

Sinnen Sie über die verschwenderische Fülle der Natur nach. Dann wird die Fülle auch in Ihr Leben strömen.

Nur das Beste sollte für Sie gut genug sein. Geben Sie sich niemals mit dem Zweitbesten zufrieden. Das ist Erfolg.

Glück hängt
nicht von blinden
Zufällen ab. Sie selbst
sind Ihres Glückes
Schmied.

Vergeben Sie sich alle vergangenen
Misserfolge und Fehler.
Selbstvorwürfe und Schuldgefühle
berauben Sie Ihrer Vitalität
und Begeisterung.

Sie sind einzigartig. Kein zweiter Mensch auf Erden ist wie Sie. Sie sind mit ganz besonderen Fähigkeiten, Qualitäten und Begabungen ausgestattet.

Das Bewusstsein wählt aus,
aber es erschafft nicht,
es ist nicht schöpferisch.
Das Unterbewusstsein ist die
schöpferische Macht in Ihnen.

Ihre Sehnsucht
ist der Ruf des
Lebens in Ihnen.
Er gemahnt Sie
an eine Leere in
Ihrem Dasein, die
es zu füllen gilt.

Ihr Atem fließt ganz selbstverständlich und mühelos. Lernen Sie, die Intelligenz Ihres Unterbewusstseins genauso mühelos fließen zu lassen.

Es ist besser,
eine Lüge zu beenden,
als ständig mit ihr
zu leben.

Betrachten Sie Reichtum
als die Luft, die Sie atmen.
Machen Sie sich diese
Geisteshaltung zu eigen.

Es ist unmöglich,
Ihr Unterbewusstsein
mit der Vorstellung von
Wohlstand zu erfüllen
und arm zu sein.

Auch Sie können eine Idee haben, die ein Vermögen wert ist. Reichtum ist eine Vorstellung in Ihrem Kopf. Reichtum ist eine innere Einstellung.

Glaube ist ein mentales Bild, das sich im Laufe der Zeit in materieller Gestalt manifestiert.

Glaube wirkt immer durch Liebe,
und Ihr Glaube kann Berge versetzen.
Aber wenn Sie nicht lieben,
kommen Sie nicht sehr weit.

Gott wünscht für Sie das, was Sie sich wünschen – ein erfülltes, glückliches und fröhliches Leben.

Wenn die Welt sagt:
»Das ist unmöglich; so etwas geht nicht«,
sagt jemand mit Vorstellungskraft:
»Es ist schon geschehen.«

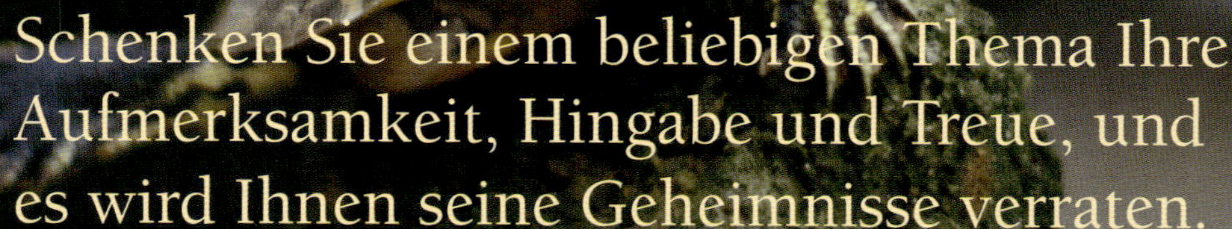

Schenken Sie einem beliebigen Thema Ihre Aufmerksamkeit, Hingabe und Treue, und es wird Ihnen seine Geheimnisse verraten.

Sie können Ihre alten Denkmuster hinter sich lassen, wenn Sie sich gedanklich auf das konzentrieren, was Ihnen wünschenswert erscheint.

Affirmieren Sie:
»Ich denke,
spreche und
handle liebevoll,
gelassen und friedvoll.«

Mut, Glauben, Ausdauer
und Beharrlichkeit werden
vom Leben immer belohnt.

Wünsche
sind die
Triebfedern
des Fortschritts.

Sie können sich Überfluss vorstellen, wo Mangel ist, Frieden, wo Zwietracht ist, und Gesundheit, wo Krankheit ist.

Das Unter-
bewusstsein
kennt Wege,
von denen Sie
nichts wissen.

Das Gedankenbild des Reichtums, das Sie innerlich nähren, ist die erste Ursache, die Ihnen zu Geld und allen anderen benötigten Reichtümern verhilft.

Im Leben
herrscht
Fülle vor,
nicht Mangel.

Mit Gott ist alles möglich.
Was auch immer der Verstand
sich vorstellen kann, existiert
in potenzieller Realität im
unendlichen Verstand.

Ihre Vorstellungskraft ist das Schatzhaus des Unendlichen, das Ihnen all die kostbaren Juwelen überlässt, all die Musik, Kunst, Dichtung und die Erfindungen.

Sie dürfen niemals das, was Sie affirmieren, hinterher wieder verneinen. Damit neutralisieren Sie Ihre Affirmationen und verhindern, dass das Gute in Ihr Leben fließen kann.

Erkennen Sie, dass Geist und Körper eins sind. Lassen Sie davon ab, auf materielle Dinge herabzusehen.

Entscheiden Sie sich für das Gute, für rechtes Handeln. Und strahlen Sie gegenüber jedermann Liebe und Verständigungsbereitschaft aus.

Ihre Vorstellungskraft
geht Ihnen voran.
Sie geht Ihrer Erfahrung
und Manifestation voran.

Gott ist es gleichgültig,
ob Sie schmausen oder fasten.
Wichtig ist, wovon Sie sich
in geistiger und spiritueller
Hinsicht ernähren.

Wenn es Ihnen an Herzlichkeit, Wärme,
Wohlwollen und Einfühlungsvermögen
fehlt, werden Sie stolpern und fallen.

Es ist nicht nötig, dass Sie einen anderen um sein Glück beneiden. Gottes Reichtümer sind allen zugänglich. Durch Neid sabotieren Sie Ihren eigenen Erfolg.

Sie können sich verändern.
Ändern Sie Ihren Geist,
und Sie ändern Ihren Körper
und ändern alles.

Wenn Ihr Geist ganz in Ihrem
Vorhaben engagiert ist, gebrauchen
Sie das schöpferische Gesetz
und die Kraft des Bewusstseins,
und Ihr Plan erfüllt sich.

Gedanken
an Fülle
erzeugen
Fülle,
Gedanken
an Mangel
erzeugen
Mangel.

Jeder Mensch wünscht sich,
dass wir über seine Fehler,
Schwächen und Versäumnisse
hinwegsehen und das Göttliche
in ihm anerkennen und ehren.

Holen Sie Ihren Geist zurück von seinen unruhigen Wanderungen auf der Suche nach den falschen Göttern von Angst und Zweifel.

Die Tatsache, dass unsere Eltern und Großeltern vor irgendetwas überzeugt waren, heißt noch lange nicht, dass wir dasselbe glauben sollten.

Glück kann man nicht kaufen. Sie erlangen es durch positives Denken und Fühlen.

Betrachten Sie andere Menschen,
wie sie gemeint sein könnten,
nicht wie sie nach außen
gerade erscheinen.

Sie können Ihre Imaginationskraft in Ihrem gesamten Beruf auf wundervolle Weise nutzen.

Die bedeutendsten und reichsten Kunstgalerien der Welt sind die Galerien des menschlichen Geistes, wenn der Geist auf die Wahrheit und Schönheit Gottes gerichtet ist.

Furcht
bedeutet,
an das
Falsche
zu glauben.

Wenn ein Mensch das Wort »Erfolg« wiederholt, voller Vertrauen, Glauben und Überzeugung, wird sein Unterbewusstsein akzeptieren, dass es stimmt und wahr ist.

Entspannung ist der Schlüssel. Dann kann die Weisheit Ihres Unterbewusstseins in Ihr Bewusstsein aufsteigen und Ihre Ideen verwirklichen.

Wenn Sie geistig aufgewühlt sind, ist es sehr heilsam, Erholung in der Natur zu suchen. Lassen Sie die Schönheit und Harmonie der Natur tief auf sich wirken.

Worum auch immer
Sie bitten, wenn Sie
beten, Sie müssen
daran glauben, dass
Sie es bekommen
haben, und Sie
werden es haben.

Gott ist bei seinen Unternehmungen immer erfolgreich. Der Mensch ist dafür ausgerüstet, ebenfalls erfolgreich zu sein, weil Gott in ihm ist.

Der Mensch wird
für jedes eitle Wort,
das er spricht,
zur Rechenschaft
gezogen. Die»eitlen«
Worte sind Zweifel,
Ängste und Sorgen.

Stellen Sie sich die Erfüllung Ihres Wunsches lebendig ausgemalt vor. Damit geben Sie dem Unterbewusstsein eine feste Vorlage, mit der es arbeiten kann.

Es gibt nur eine Kraft, eine Gegenwart.
Ihr Denken und Fühlen zeugt all Ihre Erfahrung.

Alles, was Sie fürchten, findet seine Lösung in dem dahinter stehenden Wunsch. Wenn Sie krank sind, wünschen Sie sich Gesundheit. Wenn Sie arm sind, wünschen Sie sich Wohlstand.

Dank Ihrer Vorstellungskraft können Sie die unsichtbare Stimme Ihrer Mutter tatsächlich hören, auch wenn sie zehntausend Kilometer entfernt lebt.

Stellen Sie sich Zustände und
äußere Umstände im Leben vor,
die Sie ehren, erheben, befriedigen
und erfreuen.

Üben Sie sich darin,
Ihre Intuition
zu entwickeln.
Dann werden
in Ihrem Leben
Wunder geschehen.

Der meisterliche Architekt in Ihnen wird auf der Leinwand des irdischen Lebens das sichtbar machen, was Sie Ihrem Bewusstsein eingeprägt haben.

Niemand bekommt
etwas umsonst.
Sie müssen
immer
den Preis
entrichten.
Und die
Währung ist
Aufmerksamkeit.

Selbstverurteilung und Selbstkritik sind zwei der zerstörerischsten Emotionen. Sie berauben Sie Ihrer Vitalität und Kraft und Ihres Gleichgewichts.

Am glücklichsten sind
die Menschen, die stets
bestrebt sind, das Beste
in sich und anderen
zum Vorschein zu bringen.

Wir altern, wenn wir verbittern, wenn uns Groll und Hass erfüllt, wenn wir voller Selbstverurteilung und Feindseligkeit sind.

Sie können im
Leben nicht
vorankommen,
wenn Sie nicht
Ihr vergangenes
Scheitern und
Ihren Kummer
loslassen.

Sie sind ein Teil, ein wichtiger
Teil von Gottes Schöpfung.
Gott hat keine Lieblinge, er zieht
nicht einen dem anderen vor.

Geistige Disziplin
beginnt, wenn
wir begierig auf
die Wahrheit und
bereit für sie sind
und uns nach
ihr sehnen.

Wenn Sie sich Sorgen machen, fürchten Sie sich nicht vor dem, was geschehen ist, sondern vor dem, was geschehen könnte. Damit berauben Sie sich Ihrer Begeisterung und Energie.

Alles Gute
steht jedem von
uns zur Verfügung.

Diejenigen, welche die wahre Fülle und den wahren Wohlstand des Lebens genießen, sind jene, die sich der Schöpferkraft des Verstandes und des Denkens bewusst sind.

Erfreuen Sie sich am Erfolg und Reichtum der anderen und wünschen Sie ihnen noch größere Reichtümer, denn was man dem anderen wünscht, wünscht man sich selbst.

Der einzige Ort, an dem wir unseren Mangel und unsere Beschränkung heilen können, ist in unserem eigenen Verstand.

Verlangen
treibt uns an.
Es ist der
Ansporn
zu handeln.

Stellen Sie sich intensiv vor,
wie andere Menschen Sie herzlich
willkommen heißen und Sie
bereitwillig akzeptieren.

Gehen Sie immer bis ans Ziel. Und nachdem Sie das Ziel gesehen haben, wollen Sie die Mittel zur Verwirklichung des Ziels.

Um wahrhaft erfolgreich zu sein, ist es notwendig, dass Sie zu einem Kanal werden, durch den das Lebensprinzip ungehindert, harmonisch, freudig und liebevoll strömt.

Gott ist das Lebensprinzip
in uns, grenzenlose Liebe,
absolute Harmonie,
unendliche Intelligenz.

Misserfolge beruhen auf negativem Denken. Sie haben viele Ursachen, die vermutlich wichtigste aber ist der Glaube, dass ein Misserfolg unausweichlich sei.

Wie ein Mensch in seinem Herzen oder Unterbewusstsein denkt, so handelt er, so empfindet er, so drückt er sich aus.

Welche Erfahrung auch immer wir machen, in unserem Unterbewusstsein gibt es das entsprechende Muster.

Wie wir säen,
so ernten wir.
Was wir unserem
Unterbewusstsein
einprägen, wird
ausgedrückt.

Wir sind keine Roboter.
Wir haben die Freiheit zu wählen.
Wir haben einen Willen.
Wir haben Initiative.

Achten Sie darauf, dass Ihre inneren Dialoge Sie erhalten und stärken.

Negativität ist ein mentales Gift.
Vergebung und Liebe sind die
spirituellen Gegenmittel,
die Heilung bringen.

Das Unterbewusstsein ist die einzige Kraft auf der Welt, die »wollen« sagen und es auch meinen kann.

250

Sich richtig zu konzentrieren erfordert, dass Sie das Räderwerk Ihres Geistes zur Ruhe kommen lassen und sich auf einen stillen, entspannten mentalen Zustand einlassen.

Unser Unterbewusstsein
ist der Ort, an dessen Schätze
weder Motten noch Rost
oder Diebe herankommen.

Reich zu sein ist Ihr gottgegebenes Geburtsrecht. Das Gesetz des Lebens ist ein Gesetz der Fülle, nicht des Mangels. Gott möchte, dass Sie reich sind.

Jeder Mensch sollte darauf achten, Dinge zu tun, die ihm Freude machen.

Wenn wir einen anderen Menschen ausnutzen oder bestehlen, schädigen wir uns selbst, weil wir uns in einem Bewusstseinszustand des Mangels und der Grenzen empfinden.

Das Unterbewusstsein gehorcht
den Anordnungen, welche
das Alltagsbewusstsein gibt.

Ängste können Ihnen nur dann etwas anhaben, wenn Sie Ihnen andauernde Aufmerksamkeit schenken und sich emotional in sie hineinsteigern.

Sie entscheiden selbst, wohin Sie
Ihr Lebensschiff steuern wollen.

Wenn ein Mensch seinen Reichtum auf unehrliche Weise angehäuft hat, ist er doch nicht erfolgreich, denn ohne Gemütsfrieden gibt es keinen Erfolg.

Diese Welt ist nur wie ein Sandkorn
an einem unendlichen Meeresstrand.

Erheben Sie Anspruch auf das, was Sie wollen, fühlen Sie es und erfreuen Sie sich daran; und es wird sich begeben.

Die Prinzipien des
Lebens sind nicht böse;
es kommt darauf an,
wie wir sie nutzen.

Sie sind nicht hier, um sich lediglich Ihren Lebensunterhalt zu verdienen, sondern um sich selbst schöpferisch auszudrücken und dadurch die Welt reicher zu machen.

Verlangen weckt Kreativität und führt –
in die richtigen Bahnen gelenkt –
zu einem erfüllteren Leben.

Unsere Wünsche, etwas zu sein, zu tun und zu haben, über einen langen Zeitraum nicht zu erkennen führt zu Frustration und Traurigkeit.

Die negativen Gedanken anderer haben keine Macht über Sie, wenn Sie sich weigern, sie zu akzeptieren.

Prägen Sie Ihrem Unterbewusstsein die von Ihnen angestrebten positiven Eigenschaften ein, indem Sie täglich über diese Eigenschaften meditieren.

Sie sind niemals Opfer
äußerer Lebensumstände,
es sei denn, Sie glauben,
dass Sie es sind.

Das Leben oder Gott straft niemals. Wenn Sie sich den Finger verbrennen, bemüht sich das Leben sofort, die Wunde zu heilen, und lässt neues Gewebe wachsen.

Sie sind frei, sich für
das Glück zu entscheiden.

Was Sie in Ihrer Imagination
mit Leichtigkeit und Freude tun,
werden Sie schon bald in der
physischen Welt mit ebensolcher
Leichtigkeit und Freude tun.

Wenn Gott für mich ist,
wer kann dann noch
gegen mich sein?

Lösen Sie sich von jeder Form der Verachtung, Verbitterung und Wut gegen irgendeinen Menschen oder überhaupt gegen irgendetwas, das außerhalb von Ihnen existiert.

Wenn Sie träumen, hat Ihr Bewusstsein die Kontrolle abgegeben und schläft.

Vergleichen Sie sich niemals mit anderen. Wenn Sie das tun, stellen Sie die andere Person auf ein Podest und erniedrigen sich selbst.

Affirmieren Sie:
»Wie ich in meinem
Herzen denke, so bin ich.«

Affirmieren Sie:
»Die unendliche Intelligenz offenbart mir meine verborgenen Talente und zeigt mir, welchen Weg ich einschlagen soll.«

Lachen ist bei vielen Problemen die beste Medizin. Lachen rückt die Dinge wieder in die richtige Perspektive und reißt Sie aus Ihrer Selbstbezogenheit.

Da Sie selbst der Mensch sind,
mit dem Sie die meiste Zeit verbringen
müssen, sollten Sie unbedingt lernen,
sich selbst zu mögen.

Gott oder das Leben sehen nicht auf die Person. Das Leben bevorzugt niemanden.

Ein Zimmermann, der es liebt,
Häuser zu bauen, und Freude daran hat,
etwas Nützliches für andere zu tun,
leistet spirituelle Arbeit.

Legen Sie sich nicht durch negatives Denken selbst Steine in den Weg.

Wenn Sie sich Seelenfrieden und innere Ruhe wirklich wünschen, werden Sie sie erlangen.

Etwas zu affirmieren heißt, es intensiv zu bejahen und zu bekräftigen.

Das Gute kommt nicht immer
aus der Richtung, in der Sie
Geld und Mühe investiert haben,
aber es kommt.

Affirmieren Sie:
»Ich bin so stark
und wertvoll, wie
ich zu sein glaube.«

Menschen, die sich dafür
entschieden haben, sich selbst
und anderen zu vergeben, blühen
und gedeihen auf wunderbare Weise.

Richtiges Beten hat nichts mit Betteln oder Flehen zu tun.

Glauben ist konstruktives Denken. Wenn Sie glauben, fühlen Sie die Gewissheit, dass Ihre Wünsche sich verwirklichen werden.

Die kleinen, alltäglichen Freundlichkeiten versüßen das Leben, große Freundlichkeit und Herzensgüte adeln es.

Stellen Sie Ihre Sehnsucht in den Mittelpunkt Ihrer Aufmerksamkeit, damit das, was Sie anstreben, auch zu Ihnen strebt.

Sagen Sie im Stillen während des Tages immer wieder »Danke«. Empfinden Sie Dankbarkeit.

Konkurrenzdenken und Neid behindern den Fluss des Guten in Ihrem Leben. An den Schätzen des Universums herrscht niemals Mangel.

Denken und sprechen Sie niemals abschätzig und negativ über sich selbst.

Solange Sie das göttliche Selbst
in Ihnen nicht anerkennen,
werden Sie sich minderwertig
und unsicher fühlen.

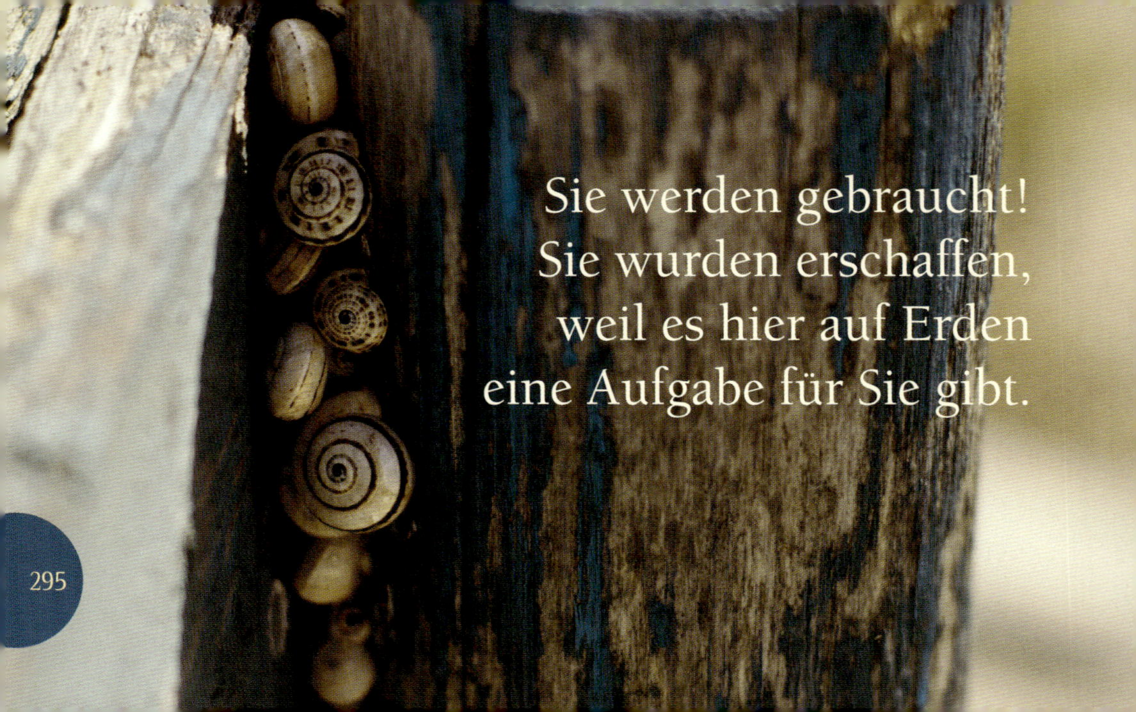
Sie werden gebraucht!
Sie wurden erschaffen,
weil es hier auf Erden
eine Aufgabe für Sie gibt.

Wenn Sie Ihre Träume aufgeben,
ist das kein Zeichen dafür,
dass Sie endlich erwachsen werden,
sondern der Anfang vom Ende!

Liebe ist Höflichkeit, die aus dem Herzen kommt.

Setzen Sie sich niemals geistig zur Ruhe. Ihr Geist sollte wie ein Fallschirm sein, der auch nur dann etwas taugt, wenn er sich jederzeit rasch und problemlos öffnet.

Die Freiheit, Entscheidungen zu treffen, ist die herausragendste menschliche Eigenschaft, unser höchstes Privileg.

Ein Zeichen, dass Sie eine echte intuitive Erkenntnis empfangen haben, ist zumeist, dass der Verstand sich gegen diese Erkenntnis wehrt.

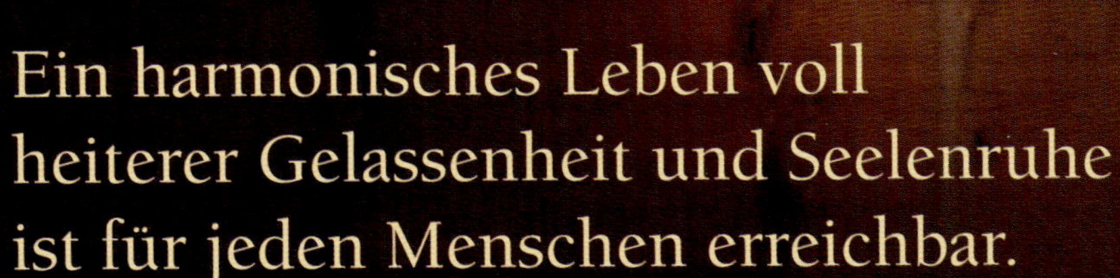

Ein harmonisches Leben voll
heiterer Gelassenheit und Seelenruhe
ist für jeden Menschen erreichbar.

Vielleicht stolpern so viele Menschen deshalb an ihrem Glück vorbei. Sie erkennen nicht, wie einfach es ist, glücklich zu sein.

Wünsche
sind die
Ursache
für alle
Gefühle
und
Handlungen.

Das Wichtigste im Leben ist,
eine freundschaftliche Beziehung
zu Ihrem Höheren Selbst,
dem Göttlichen in Ihnen,
zu entwickeln.

Wenn Sie etwas
affirmieren,
bekräftigen Sie,
dass es wahr ist.

Wenn Sie für etwas Gutes, das Ihnen zuteil wird, Dankbarkeit empfinden, ist das ein Gebet des Herzens, für das Sie reich gesegnet werden.

Ihr Leben ist
die Summe Ihrer
Entscheidungen.

Leben Sie liebevoll,
in ständiger Erwartung des Besten,
dann wird das Beste zu Ihnen kommen.

Gott wohnt in Ihnen.
Daher trifft das,
was auf Gott zutrifft,
auch auf Sie zu.

Die tiefste Sehnsucht jedes Menschen
ist es, Seelenfrieden zu erlangen.
Alle menschlichen Bestrebungen
dienen letztlich diesem Ziel.

Das Lebensprinzip
muss sich ungehindert
ausdrücken können.
Und Liebe ist der
vollkommenste Ausdruck
des Lebensprinzips.

Sagen Sie sich, wenn Sie
morgens die Augen aufschlagen:
»Ich entscheide mich dafür,
heute glücklich zu sein.«

Wir alle sind diejenigen, die Frieden schaffen, indem wir unser Denken und Fühlen verändern.

Durch Ihr Reden und Handeln
können Sie Ihrem Körper eine
Melodie der Liebe oder eine
Melodie des Hasses übermitteln.
Entscheiden Sie sich für die Liebe!

Sie werden nur alt,
wenn Sie Ihre Träume
aufgeben und das
Interesse am Leben
verlieren.

Wenn Ihre Geschäfte schlecht gehen oder Sie erfolgreicher sein möchten, sollten Sie dieses großartige Gebet anwenden: »Gott, zeige mir, wie ich der Menschheit besser dienen kann.«

Das große Gesetz ist absolut gerecht und gibt niemals Gutes für Böses oder Böses für Gutes.

Gedanken rufen Emotionen
hervor, und Emotionen können
krank machen oder heilen.

Liebe heißt, aus
dem Herzen heraus
zu sprechen und
zu handeln.

Dulden Sie niemals, dass die Furcht Sie antreibt und Ihr Handeln bestimmt. Machen Sie sich ein für alle Mal klar, dass Sie viel zu intelligent und klug sind, um das zuzulassen.

Wer in seinem Inneren Gott findet, wird frei von Zweifeln, Sorgen und Ängsten sein.

Ihre Gefühle sind Ergebnisse Ihres Denkens. Entscheiden Sie sich für die richtigen Gedanken und schaffen Sie sich auf diese Weise ein erfreuliches Gefühlsleben.

Die Worte, die Sie verwenden, müssen heilsam für den Leib sein. Ihre Worte müssen Ihre Wünsche und Bestrebungen unterstützen.

Wenn Sie ein erfülltes Leben führen möchten, sollten Sie lieben, was Sie tun, was Sie sind, mit wem Sie zusammen sind und was Sie anstreben.

Eine dankbare Geisteshaltung bewirkt Verbesserung in allen Lebensbereichen, sorgt für Gesundheit, Glück und materiellen Wohlstand.

Durch das mutige Überwinden von Hindernissen erzielen Sie nicht nur Erfolge, Sie entwickeln außerdem Charakter.

Ihre wunderbare
Fähigkeit,
Entscheidungen
zu treffen,
ist Ihr Schlüssel
zu Gesundheit,
Wohlstand und Erfolg.

Die höchste Intelligenz,
das Lebensprinzip, klopft ständig
an die Tür Ihres Herzens. Öffnen
Sie die Tür und lauschen Sie.

Altern ist ein psychologischer Vorgang, der aus geistiger und spiritueller Bequemlichkeit resultiert.

Wir brauchen einander. Daher sollten wir nie vergessen, Gott in unseren Nächsten zu erkennen und jeden Menschen so zu sehen, wie er es verdient: als ein Kind Gottes.

So wie
Bitterkeit
immer mehr
Bitterkeit
hervorbringt,
bringt Liebe
immer mehr
Liebe hervor.

Sorgen sind ein Alarmsignal,
um Sie darauf hinzuweisen, dass Sie
das Falsche denken und glauben.
Wenn Sie Ihr Denken ändern,
werden Sie von Ihren Sorgen befreit.

Gott hat Ihnen bereits verziehen.
Gott verurteilt niemanden.
Vergeben Sie nun sich selbst.

Beruhigen Sie am Morgen und regelmäßig während des Tages für fünf bis zehn Minuten Ihren Geist.

Liebe macht
unser Verhalten rein,
mitfühlend und gütig.

Eine wunderbare spirituelle Technik besteht darin, für alle Menschen zu beten, mit denen Sie in Kontakt stehen. Wünschen Sie Ihnen alle Segnungen des Lebens.

In Wahrheit gibt es keine
unbeantworteten Gebete.
Alle Gebete werden beantwortet.

Was Ihr Bewusstsein für wahr hält, wird sich durch die Macht Ihres Unterbewusstseins in Ihrem Leben verwirklichen.

Sie sind reich. Sie können sich
an den Sternen am Himmel erfreuen,
am Morgentau, an Sonnenaufgang
und Sonnenuntergang.

Denken Sie gut von sich selbst und setzen Sie sich hohe Ziele. Je größer und edler unser Streben ist, desto höher schwingen wir uns empor.

Affirmieren Sie:
»Den ganzen Tag lang
praktiziere ich die
Gegenwart Gottes.«

Verströmen Sie Liebe und guten Willen. Damit beseitigen Sie alle negativen Emotionen, die sich in Ihrem Unterbewusstsein festgesetzt haben.

Sehen Sie sich als die Person, die Sie gerne sein möchten.

Wir sollten uns von den alten Ansichten und falschen Überzeugungen trennen, die uns eingeprägt wurden, als wir jung und leicht zu beeindrucken waren.

Es gibt keine Wertunterschiede zwischen
den Menschen. Jeder Mensch ist ein Gott,
der sich entfaltet wie eine Knospe.

Wir schlafen, damit unser Körper sich erholen kann. Doch es gibt für den Schlaf noch einen tieferen Beweggrund: unsere spirituelle Entwicklung.

Affirmieren Sie: »Mein Leben ist Gottes Leben. Gott ist Leben und Gott wird niemals alt.«

Wenn Sie gelernt haben, klug zu wählen, dann wählen Sie immer Glück, Frieden, Sicherheit, Freude, Gesundheit, Fülle und alle Segnungen des Lebens.

Sie sind hier auf Erden,
um Ihren wahren Platz
im Leben zu finden,
Ihre verborgenen
Talente zu offenbaren
und die höchste Ebene
des Selbstausdrucks
zu erreichen.

Erkennen Sie, dass die ganze Welt Ihnen gegeben wurde, sich daran zu erfreuen – dann wissen Sie, wie reich Sie bereits sind und finden so den Schlüssel zu materiellem Wohlstand.

Um Ihr Leben zu verändern, müssen Sie
Ihre Reaktion auf das Leben verändern.
Sehen Sie ab jetzt Gott in allen Menschen.

Alt werden Sie erst, wenn Sie aufhören zu träumen, nicht länger nach neuen Wahrheiten hungern und keine Lust mehr haben, sich neue Welten zu erschließen.

Ihr Wunsch nach
Wachstum, Entwicklung
und Entfaltung kommt
von Gott. Akzeptieren
Sie diesen Wunsch jetzt.

Alle Ideen oder Wünsche, die Sie als wahr und emotional bedeutsam empfinden, werden von Ihrem Unterbewusstsein präzise verwirklicht. Sie werden zu dem, was Sie lieben.

Die universelle
Lebenskraft,
Gott in Ihnen,
kann Sie
inspirieren
und Ihnen
alles enthüllen,
was Sie wissen
müssen.

Im Traumzustand offenbart das Unterbewusstsein Ihnen, was Sie ihm übermittelt haben, und weist Sie damit auf den Kurs hin, den Sie eingeschlagen haben.

Sie sind kein Opfer Ihrer Vergangenheit.
Sie können die Gegenwart verändern
und die Zukunft verwandeln.

Wenn Sie Ihre Muskeln nicht gebrauchen, verkümmern sie. Doch Sie verfügen auch über geistige und spirituelle »Muskeln«, die genauso trainiert werden müssen.

Manche Menschen kommen im Leben vor allem deshalb nicht weiter, weil sie mit anderen nicht zurechtkommen.

Innere Führung erhalten Sie dann,
wenn Ihre Motive Gesundheit, Glück,
Geistesfrieden und Fülle sind,
für sich und für andere.

Im Alter verlangsamt die Natur Ihren Körper, damit Sie mehr Zeit haben, über die göttlichen Wahrheiten zu meditieren.

Akzeptieren und glauben Sie,
dass Erfolg Ihr göttliches Recht ist,
dass das Leben Sie überreich
beschenkt, und Ihnen wird
nach Ihrem Glauben geschehen.

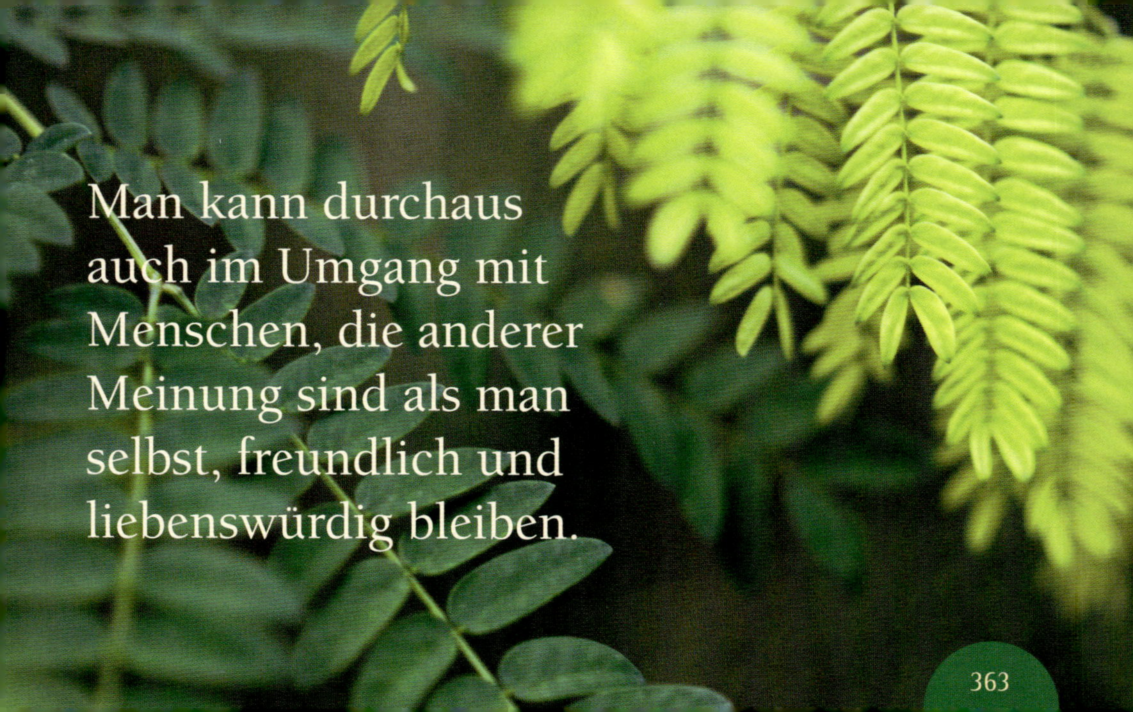

Man kann durchaus auch im Umgang mit Menschen, die anderer Meinung sind als man selbst, freundlich und liebenswürdig bleiben.

Heute ist mein Tag der großen Generalamnestie. Ich lasse jetzt alle Menschen los, die mir jemals Schmerz zugefügt haben.

Innere Stille
finden Sie,
wenn Ihr Geist
in Gott wohnt.

Allegria ist ein Verlag der Ullstein Buchverlage GmbH

ISBN: 978-3-7934-2293-8

Der Text wurde für die deutsche Ausgabe gekürzt und zusammengestellt von Vera Baschlakow.

Umschlaggestaltung: FranklDesign, München
Covermotiv: © fotolia/Photocreo Bednarek
Fotografien (Innenteil): © Michaela Philipzen, www.photoecken.com
Grafik (Innenteil): © fotolia/melosine1302
Gesetzt aus der Berkeley/Satz: Keller & Keller GbR
Printed by Tien Wah Press